school - mekdep	2
reis - syýahat	5
transport - ulag	8
stad - şäher	10
landschap - landşaft	14
restaurant - restoran	17
supermarkt - supermarket	20
drankjes - içgiler	22
eten - nahar	23
boerderij - ferma	27
huis - öý	31
woonkamer - myhman otagy	33
keuken - aşhana	35
badkamer - wanna otagy	38
kinderkamer - çaga otagy	42
kleding - egin-eşik	44
kantoor - ofis	49
economie - ykdysadyýet	51
beroepen - hünärler	53
werktuigen - gurallar	56
muziekinstrumenten - saz gurallary	57
zoo - haýwanat bagy	59
sporten - sport	62
activiteiten - hereket	63
familie - maşgala	67
lichaam - ten	68
ziekenhuis - hassahana	72
noodgeval - gaýragoýulmasyz ýagdaý	76
aarde - zemin	77
klok - sagat	79
week - hepde	80
jaar - ýyl	81
vormen - görnüşler	83
kleuren - reňkler	84
tegengestelden - garşylykly	85
cijfers - sanlar	88
Talen - diller	90
wie / wat / hoe - kim / näme / nähili	91
waar - nirede	92

Impressum
Verlag: BABADADA GmbH, Nedderfeld 112 , 22529 Hamburg
Geschäftsführer / Verlagsleitung: Harald Hof
Druck: Books on Demand GmbH, In de Tarpen 42, 22848 Norderstedt

Imprint
Publisher: BABADADA GmbH, Nedderfeld 112 , 22529 Hamburg, Germany
Managing Director / Publishing direction: Harald Hof
Print: Books on Demand GmbH, In de Tarpen 42, 22848 Norderstedt, Germany

school
mekdep

- delen / bölmek
- bord / tagta
- klaslokaal / synp otagy
- speelplaats / mekdep howlusy
- leerkracht / mugallym
- papier / kagyz
- pen / ruçka
- bureau / ýazuw stoly
- schrijven / ýazmak
- liniaal / çyzgyç
- boek / kitap
- leerling / okuwçy

schooltas
ranes

pennenzak
penal

potlood
galam

puntenslijper
galam artylýan

gom
bozguç

tekenblok
surat çekmek üçin albom

tekening
surat

verfborstel
çotgajyk

verfdoos
reňkli guty

schaar
gaýçy

lijm
ýelim

werkboek
depder

huiswerk
öý işi

nummer
san

optellen
goşmak

aftrekken
aýyrmak

vermenigvuldigen
köpeltmek

rekenen
hasaplamak

letter
harp

alfabet
elipbiý

woord
söz

school - mekdep

tekst
tekst

Lezen
okamak

krijt
hek

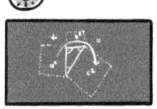
les
sapak

klassenboek
synp dergisi

examen
synag

certificaat
diplom

schooluniform
mekdep lybasy

onderwijs
bilim

encyclopedie
ensiklopediýa

universiteit
uniwersitet

microscoop
mikroskop

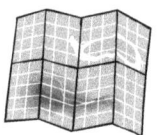
kaart
karta

papiermand
kagyz üçin sebet

reis
syýahat

hotel
myhmanhana

jeugdherberg
syýahatçylyk bazasy

wisselkantoor
walýuta çalyşmak üçin bent

koffer
çemedan

auto
awtomobil

Taal
dil

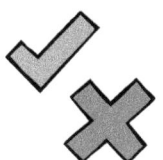

ja / nee
hawwa / ýok

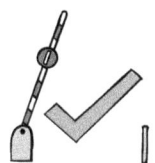

oké
bolýa

hallo
salam

vertaler
terjimeçi

bedankt
Minnetdar

Hoeveel kost …?　　Ik begrijp het niet　　probleem
bahasy näçe?　　men düşünmeýärin　　mesele

Goedenavond!　　Goedemorgen!　　Goedenavond!
Agşamyňyz haýyr!　　Ertiriňiz haýyrly!　　Gijäňiz rahat bolsun!

Tot ziens　　richting　　bagage
görüşýänçäk　　ugur　　ýük

zak　　rugzak　　gast
torba　　eginden asylýan torba　　myhman

kamer　　slaapzak　　tent
otag　　halta ýorgan　　çadyr

toeristeninformatie

syýahatçylyk maglumaty

strans

kenarýaka

kredietkaart

karz karty

ontbijt

ertirlik

lunch

günortanlyk

avondeten

agşamlyk

ticket

petek

lift

lift

postzegel

poçta markasy

grens

çäk

douane

gümrük

ambassade

ilçihana

visum

wiza

paspoort

pasport

reis - syýahat

transport
ulag

vliegtuig
uçar

schip
gämi

brandweerwagen
ýangyn söndüriji ulag

bus
awtobus

vrachtwagen
ýük ulagy

motorboot
motorly gaýyk

fiets
tigir

auto
awtomobil

veerboot
parom

boot
gaýyk

motor
motosikl

politiewagen
polisiýa ulagy

racewagen
çapyşyk

huurauto
kärendä alnan ulga

transport - ulag

carpoolen
ulagy bilelikde ulanmak

sleepwagen
tirkeg ulagy

vuilniswagen
zir-zibil daşaýan ulag

motor
hereketlendiriji

benzine
ýangyç

benzinestation
guýma

verkeersbord
ýol belgisi

verkeer
hereket

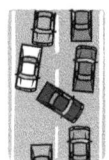

file
dyky

parkeerplaats
awtoduralga

station
menzil

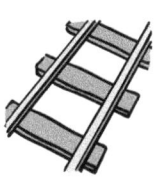

sporen
seplem

trein
otly

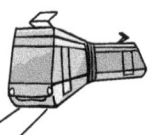

tram
tramwaý

wagon
wagon

transport - ulag

helikopter
dik uçar

luchthaven
howa menzili

toren
minara

passagier
ýolagçy

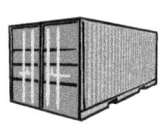
container
konteýner

karton
guty

kar
araba

mand
sebet

opstijgen / landen
uçmak / gonmak

stad
şäher

dorp
oba

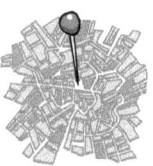
stadscentrum
şäher merkezi

huis
öý

10 stad - şäher

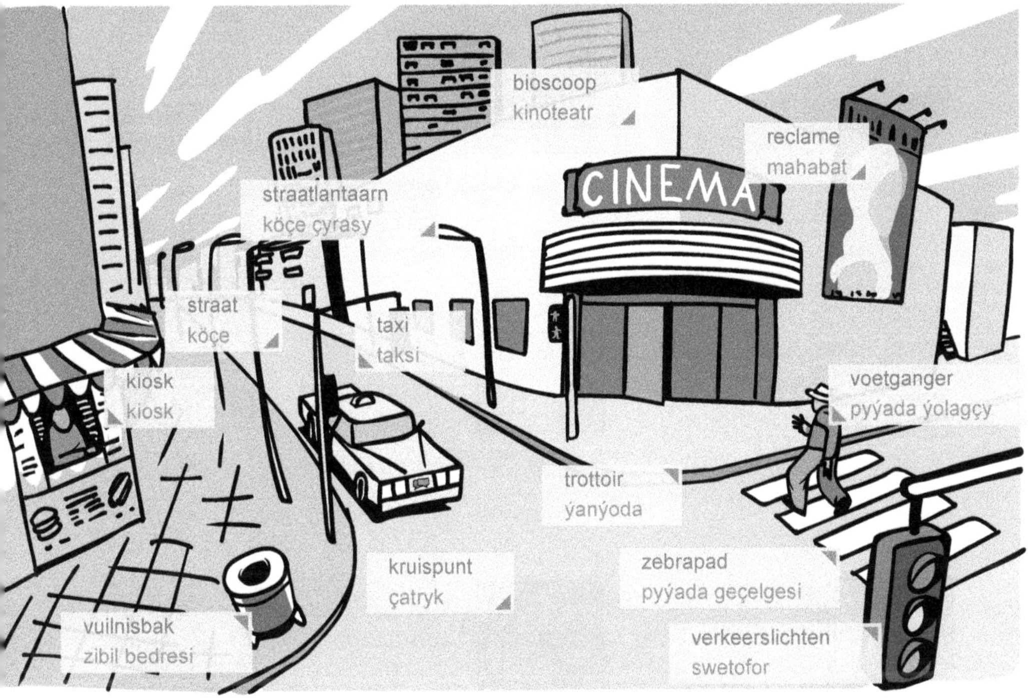

hut
kepbe

woning
öý

station
menzil

stadshuis
şäher häkimligi

museum
muzeý

school
mekdep

stad - şäher

universiteit
uniwersitet

bank
bank

ziekenhuis
hassahana

hotel
myhmanhana

apotheek
dermanhana

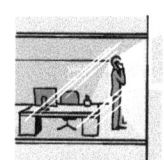

kantoor
ofis

boekwinkel
kitap dükany

winkel
dükan

bloemenwinkel
gül dükany

supermarkt
supermarket

markt
bazar

warenhuis
uniwermag

vishandelaar
balyk söwdagäri

winkelcentrum
söwda merkezi

haven
port

stad - şäher

park
park

bank
oturgyç

brug
köpri

trap
merdiwan

metro
metro

tunnel
ötük

bushalte
awtobus

bar
bar

restaurant
restoran

brievenbus
poçta gutusy

straatnaambord
köçäni adyny görkezýän ýazgy

parkeermeter
parkometr

zoo
haýwanat bagy

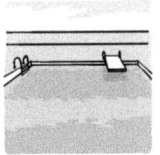

zwembad
basseýn

moskee
metjit

stad - şäher

boerderij
ferma

milieuverontreiniging
daşky gurşawyň hapalanmagy

kerkhof
gonamçylyk

kerk
buthana

speelplaats
çaga meydançasy

tempel
ybadathana

landschap
landşaft

- blad / ýaprak
- wegwijzer / ýol görkeziji
- weg / ýol
- weide / ýayla
- steen / daş
- boom / agaç
- wandelaar / syýahatçy
- rivier / derýa
- gras / ot
- bloem / gül

vallei
dere

heuvel
dag

meer
köl

bos
tokaý

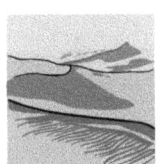

woestijn
çöl

vulkaan
wulkan

kasteel
gulp

regenboog
älemgoşar

paddenstoel
kömelek

palmboom
palma agajy

mug
çybyn

vlieg
sinek

mier
garynja

bijl
bal arysy

spin
möý

kever
tomzak

kikker
gurbaga

eekhoorn
awusiýdik

egel
kirpi

haas
towşan

uil
baýguş

vogel
guş

zwaan
guw

wild zwijn
ýekegapan

hert
sugun

eland
los

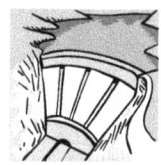

dam
bent

windturbine
şemal generatory

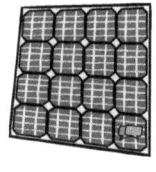

zonnepaneel
gün batareýasy

klimaat
howa

landschap - landşaft

restaurant
restoran

- ober / ofisiant
- menu / menýu
- stoel / oturgyç
- soep / çorba
- pizza / pizza
- bestek / aşhana gap-gaçlary
- tafelkleed / stoluň örtgi matasy

voorgerecht
garbanma

hoofdgerecht
esasy tagam

nagerecht
süýjülik

drankjes
içgiler

eten
nahar

fles
süýşe

fastfood
tiz tagam

street food
köçe iýmiti

theepot
çäýnek, kitir

suikerpot
şeker gaby

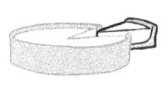
portie
porsiýa

espressomachine
kofe gaýnadyjy

kinderstoel
çaga oturgyjy

rekening
hasap

dienblad
mejme

mes
pyçak

vork
çarşak

lepel
çemçe

theelepel
çaý çemçesi

serviette
salfetka

glas
bulgur

restaurant - restoran

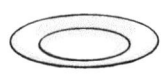
bord
tarelka

soepbord
çorba tarelkasy

schoteltje
tabajyk

saus
sous

zoutvatje
duz gaby

pepermolen
burçy üweýji

azijn
sirke

olie
ýag

kruiden
huruş

ketchup
ketçup

mosterd
gorçisa

mayonaise
maýonez

restaurant - restoran

supermarkt

supermarket

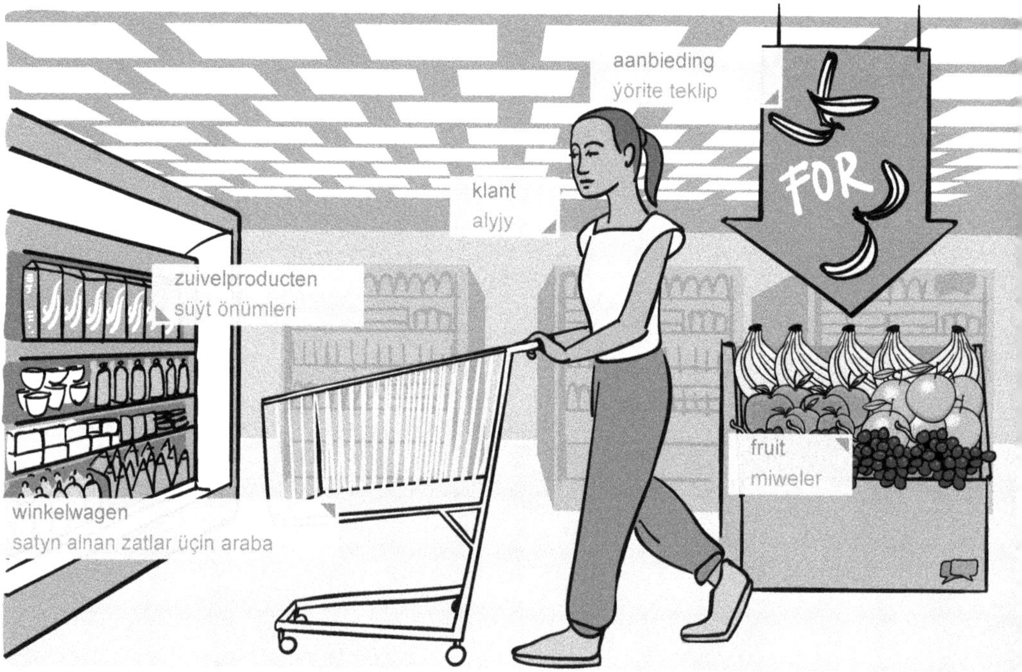

aanbieding
yörite teklip
FOR
klant
alyjy
zuivelproducten
süýt önümleri
fruit
miweler
winkelwagen
satyn alnan zatlar üçin araba

BUTCHERS

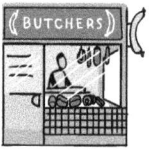

slagerij

et dükany

BAKERY

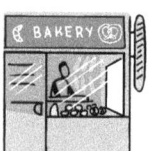

bakkerij

çörek kärhanasy

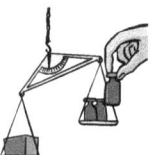

wegen

ölçemek

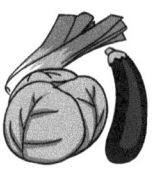

groenten

gök önümler

vlees

et

diepvriesvoedsel

tiz doňýan önümler

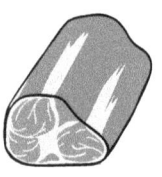

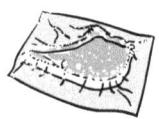

charcuterie
kesme

conserven
konserwirlenen önümler

waspoeder
kir ýuwujy toz

snoep
süýjülikler

huishoudproducten
öýde ulanylýan zat

schoonmaakproducten
ýuwujy serişde

verkoopster
satyjy aýal

kassa
kassa

kassier
pulhanaçy

boodschappenlijstje
satyn alynmaly zatlar

openingstijden
iş wagty

portefeuille
gapjyk

kredietkaart
karz karty

tas
sumka

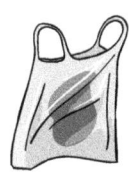
plastieken zakje
polietilen paket

supermarkt - supermarket

drankjes
içgiler

water
suw

sap
şire

melk
süýt

cola
koka-kola

wijn
wino

bier
piwo

alcohol
alkogol

cacao
kakao

thee
çaý

koffie
kofe

espresso
espresso

cappuccino
kapuçino

eten
nahar

banaan
banan

appel
alma

sinaasappel
pyrtykal

meloen
garpyz

citroen
limon

wortel
käşir

knoflook
sarymsak

bamboe
bambuk

ui
sogan

champignon
kömelek

noten
hoz

noodles
un aş

spaghetti	rijst	salade
spagetti	tüwi	işdäaçar

frieten	gebakken aardappelen	pizza
gowurylan yer alma	gowurylan yer alma	pizza

hamburger	sandwich	kalfslapje
gamburger	sendwiç	üweme

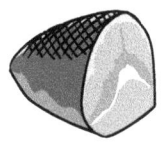  

ham	salami	worst
wetçina	salÿami	şöhlat

kip	braden	vis
towuk	gowrulyp taÿÿarlanÿan nahar	balyk

eten - nahar

havervlokken | muesli | cornflakes
süle patragy | mýusli | mekgejöwen patragy

bloem | croissant | pistolet
un | kruassan | bulka

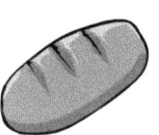

brood | toast | koekjes
çörek | tost | köke

boter | kwark | taart
ýag | dorog | pirog

ei | spiegelei | kaas
ýumurtga | heýgenek | peýnir

eten - nahar

ijs
doňdurma

suiker
şeker

honing
bal

confituur
marmelad

choco
nogully krem

curry
karri

eten - nahar

boerderij
ferma

- boerderij / daýhan öýi
- schuur / saraý
- strobaal / saman daňysy
- veld / meýdan
- paard / at
- aanhangwagen / tirkeg
- tractor / traktor
- veulen / taýçanak
- ezel / eşek
- lam / guzy
- schaap / urkaçy goýun

geit
geçi

koe
sygyr

kalf
göle

varken
doňuz

biggetje
jojuk

stier
öküz

gans
gaz

eend
ördek

kuiken
jüýje

kip
towuk

haan
horaz

rat
alaka

kat
pişik

muis
syçan

os
öküz

hond
it

hondenhok
it ýatagy

tuinslang
bag şlangy

gieter
guýgyç

zeis
orak

ploeg
azal

boerderij - ferma

sikkel
orak

schoffel
kätmen

hooivork
dökün çarşagy

bijl
palta

kruiwagen
galtak

trog
kersen

melkkan
süýt üçin tüññür

zak
halta

hek
haýat

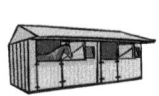

stal
çörek

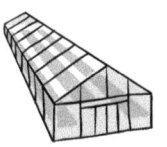

broeikas
ýyladyşhana

bodem
toprak

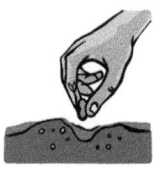

zaad
ekin

mest
dökün

maaidorser
kombaýn

boerderij - ferma

oogsten
hasyl ýygnamak

oogst
galla

yam
ýams

tarwe
bugdaý

soja
soýa

aardappel
ýeralma

maïs
mekgejöwen

koolzaad
raps

fruitboom
miwe agajy

maniok
manioka

graan
däneli ösümlikler

boerderij - ferma

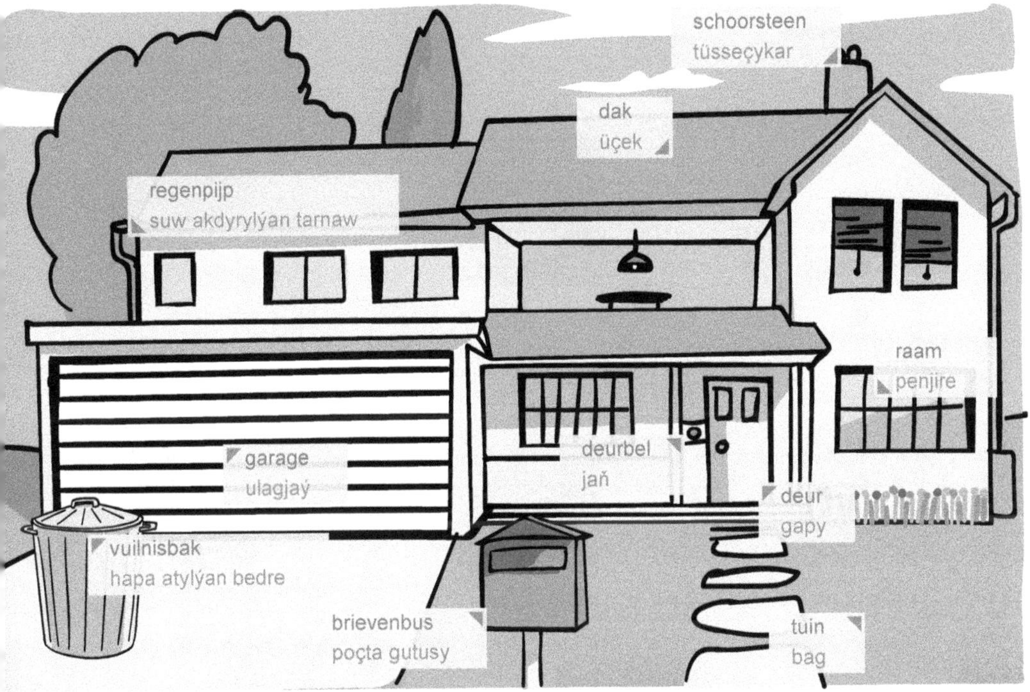

huis
öý

schoorsteen
tüsseçykar

dak
üçek

regenpijp
suw akdyrylýan tarnaw

raam
penjire

garage
ulagjaý

deurbel
jaň

deur
gapy

vuilnisbak
hapa atylýan bedre

brievenbus
poçta gutusy

tuin
bag

woonkamer
myhman otagy

badkamer
wanna otagy

keuken
aşhana

slaapkamer
ýatalga otagy

kinderkamer
çaga otagy

eetkamer
naharhana

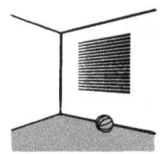

vloer
pol

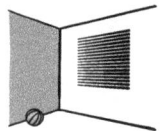

muur
diwar

plafond
potolok

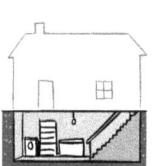

kelder
ýerzemin

sauna
hamam

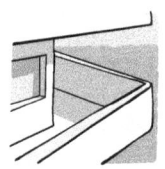

balkon
balkon

terras
eýwan

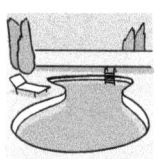

zwembad
howdan

grasmaaier
gazon orujy

dekbedovertrek
ýorgan daşlygy

dekbed
örtgi

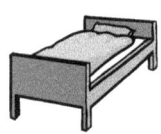

bed
ýatakça

bezem
sübse

emmer
bedre

schakelaar
öçüriji

huis - öý

woonkamer
myhman otagy

- behangpapier / oboýlar
- foto / çekilen surat
- lamp / çyra
- schap / tekje
- kast / şkaf
- open haard / kamin
- televisie / telewizor
- bloem / gül
- kussen / ýassyk
- sofa / diwan
- vaas / küýze
- afstandsbediening / aralykdan dolandyryş pulty

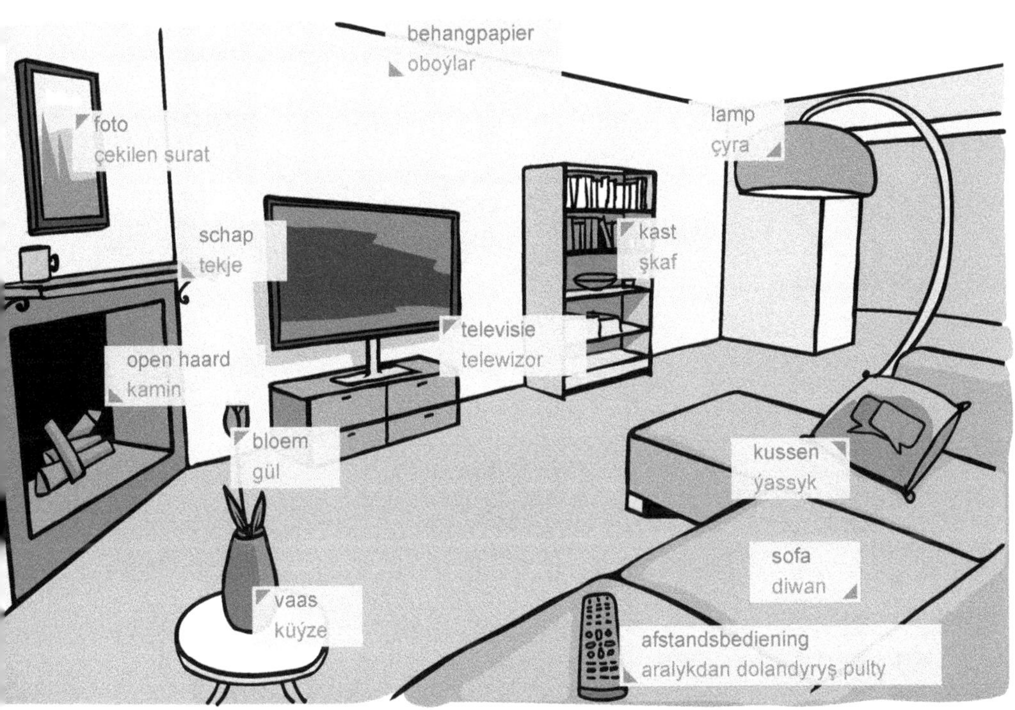

mat
haly

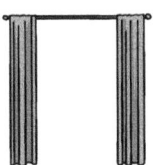

gordijn
tuty

tafel
stol

stoel
oturgyç

schommelstoel
öňe-yza gaýdýan kürsi

fauteuil
kürsi

woonkamer - myhman otagy

boek kitap	deken örtgi	decoratie bezeg

brandhout odun	film film	stereo-installatie stereo ulgam

sleutel açar	krant gazet	schilderij surat

poster ündewsurat	radio radio	notitieboekje bloknot

stofzuiger tozan sorujy	cactus kaktus	kaars şem

keuken
aşhana

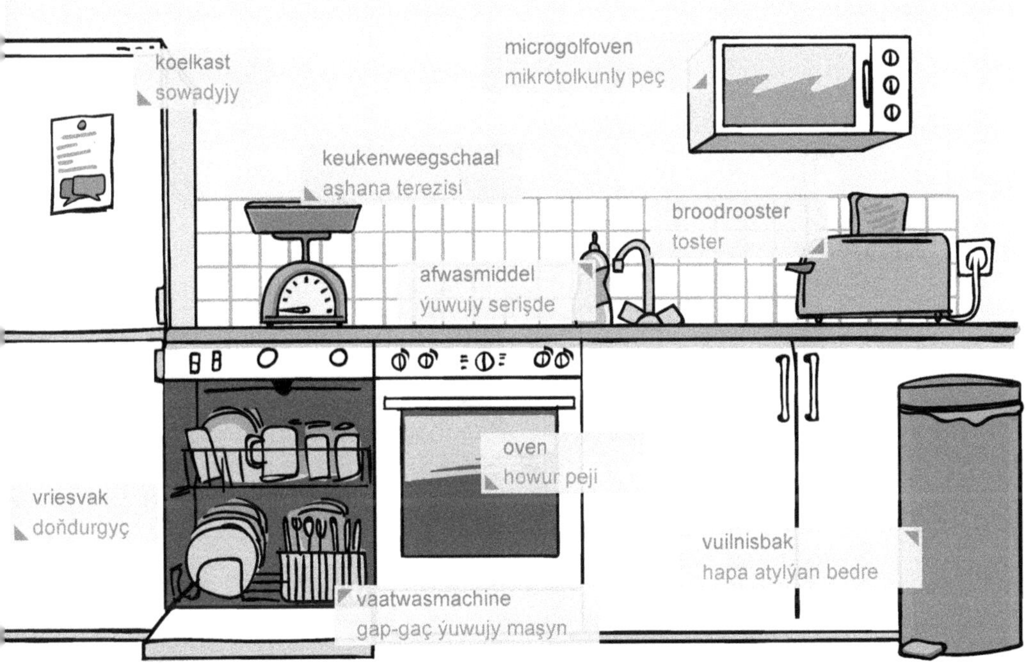

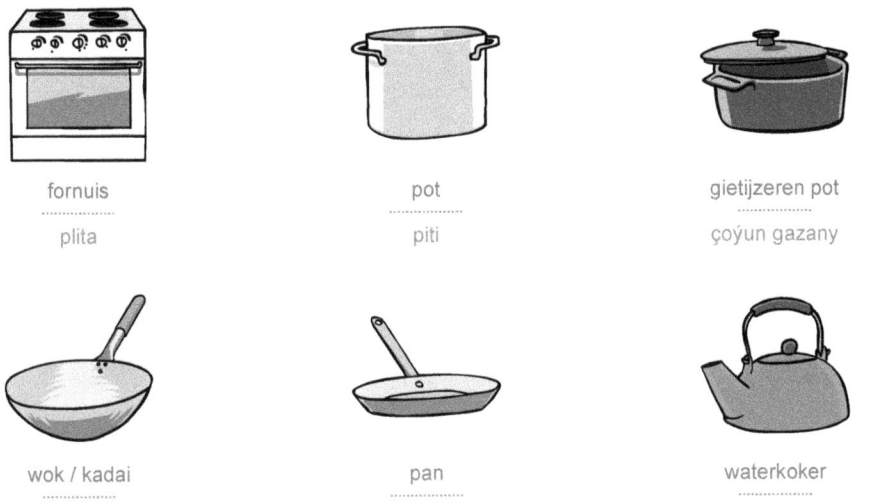

koelkast
sowadyjy

microgolfoven
mikrotolkunly peç

keukenweegschaal
aşhana terezisi

broodrooster
toster

afwasmiddel
ýuwujy serişde

oven
howur peji

vriesvak
doňdurgyç

vuilnisbak
hapa atylýan bedre

vaatwasmachine
gap-gaç ýuwujy maşyn

fornuis
plita

pot
piti

gietijzeren pot
çoýun gazany

wok / kadai
wok / kadaý

pan
saç

waterkoker
çäýnek, kitir

keuken - aşhana   35

stoomkoker
bugda bişiriji

bakplaat
protiwen

servies
gap-gaç

mok
kürşge

kom
jam

eetstokjes
nahar iýilýän taýajyklar

pollepel
susak

spatel
piljagaz

garde
ýaýylýan maşyn

vergiet
elek

zeef
elek

rasp
gyrgyç

mortier
soky

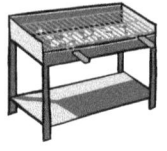
barbecue
gril

haardvuur
ot

keuken - aşhana

snijplank
tagta

deegrol
oklaw

kurkentrekker
ştopor

blik
tüneke banka

blikopener
konserwa pyçagy

pannenlap
tutguç

gootsteen
rakowina

borstel
çotga

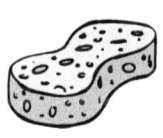
spons
gubka

blender
mikser

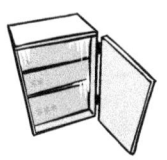
vriezer
doňdurma kamerasy

papfles
çagany iýmitlendirmek üçin çüýşejik

kraan
kran

keuken - aşhana

badkamer
wanna otagy

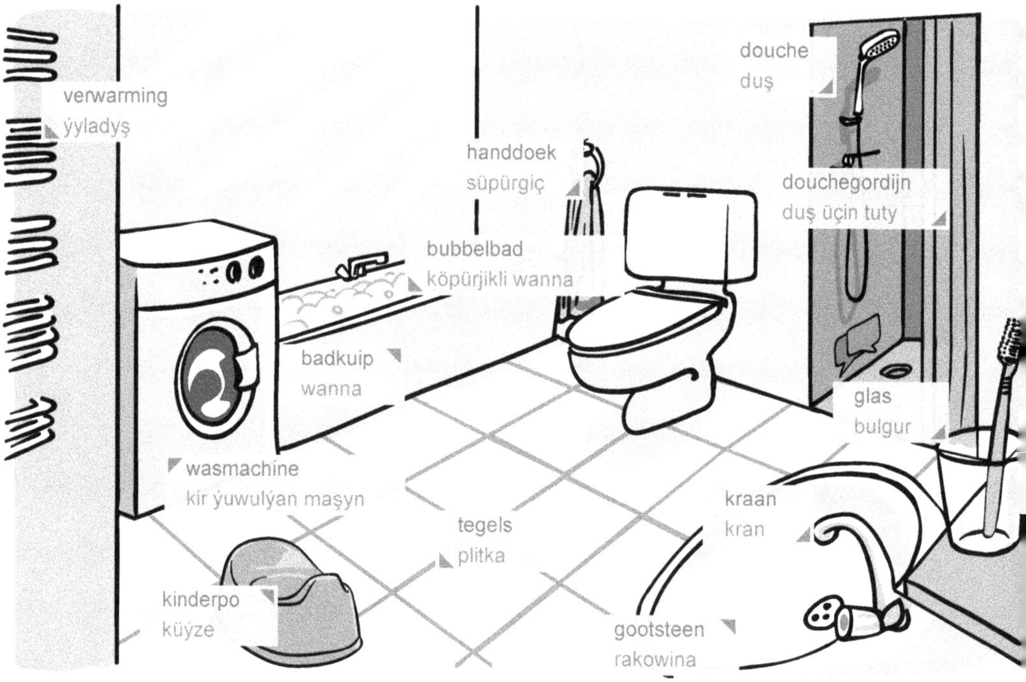

- verwarming / ýyladyş
- douche / duş
- handdoek / süpürgiç
- douchegordijn / duş üçin tuty
- bubbelbad / köpürjikli wanna
- badkuip / wanna
- glas / bulgur
- wasmachine / kir ýuwulýan maşyn
- kraan / kran
- tegels / plitka
- kinderpo / küýze
- gootsteen / rakowina

toilet
hajathana

hurktoilet
polda oturdylyan unitaz

bidet
bide

urinoir
pissuar

toiletpapier
hajathana kagyzy

toiletborstel
hajathana çotgasy

tandenborstel

diş çotgasy

tandpasta

diş pastasy

flosdraad

diş sapagy

wassen

ýuwmak

handdouche

el duşy

bidethanddouche

şahsy duş

waskom

legen

rugborstel

arka üçin çotga

zeep

sabyn

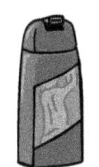

douchegel

duş üçin gel

shampoo

şampun

washandje

moçalka

afvoer

akyş

crème

krem

deodorant

dezodorant

badkamer - wanna otagy

spiegel
aýna

handspiegel
el aýnasy

scheermes
päki

scheerschuim
sakgal syrmak üçin köpürjik

aftershave
sakgal syrylanyndan soňky losýon

kam
darak

borstel
çotga

haardroger
fen

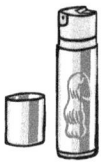
haarlak
saç üçin lak

make-up
kosmetika

lippenstift
dodaga çalynýan reňk

nagellak
dyrnaga çalynýan reňk

watten
pamyk

nagelknipper
manikýur gaýçysy

parfum
atyr

badkamer - wanna otagy

toilettas
kosmetika üçin gutujyk

kruk
oturgyç

weegschaal
terezi

badjas
halat

latex handschoenen
rezin ellik

tampon
tampon

maandverband
gigiýena prokladkasy

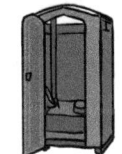
chemisch toilet
biohajathana

badkamer - wanna otagy

kinderkamer
çaga otagy

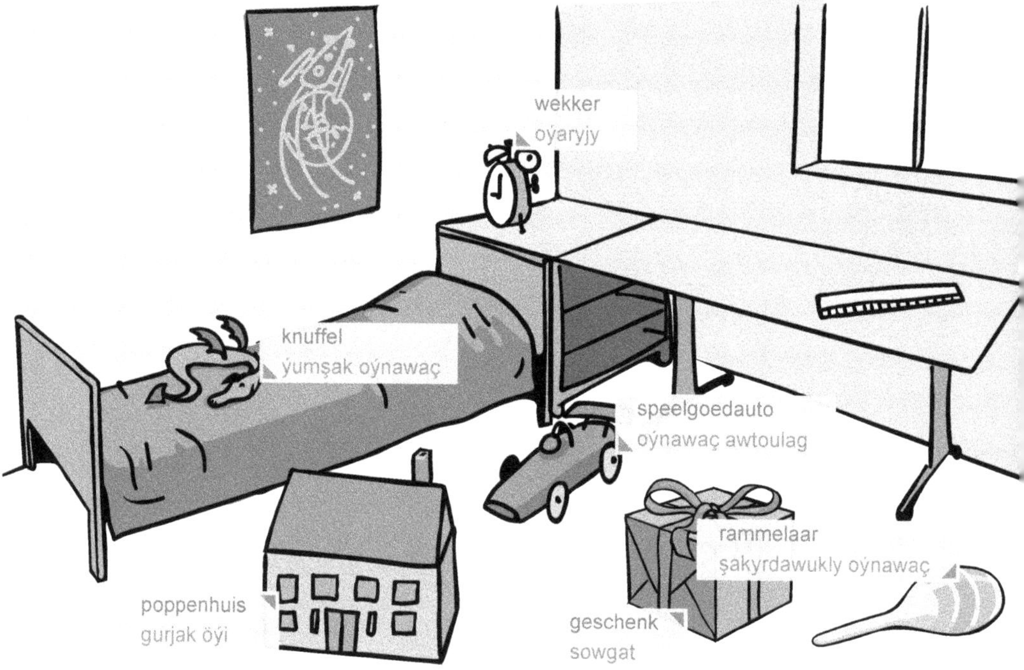

wekker
oýaryjy

knuffel
ýumşak oýnawaç

speelgoedauto
oýnawaç awtoulag

poppenhuis
gurjak öýi

geschenk
sowgat

rammelaar
şakyrdawukly oýnawaç

ballon
howaly şar

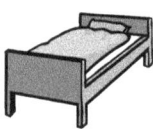

bed
ýatakça

kinderwagen
çaga arabasy

spel kaarten
kart oýny

puzzel
pazl

stripboek
komiks

legoblokjes

Lego kerpiçleri

blokken

kubikler

actiefiguur

oýnawaç şekil

kruippakje

çagalar üçin joraply balak

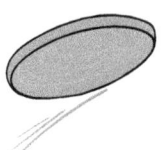

frisbee

frisbi

mobiel

mobile

bordspel

stolüsti oýun

dobbelsteen

kubik

modelspoorweg

demir ýolunyň modeli

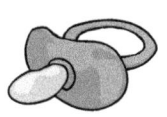

fopspeen

soska

feest

şagalaň

prentenboek

şekilli kitap

bal

top

pop

gurjak

spelen

oýnamak

kinderkamer - çaga otagy

zandbak
çäge aýmança

schommel
hiňňildik

speelgoed
oýnawaç

spelconsole
oýun pristawkasy

driewieler
üç tigirli welosiped

knuffelbeer
plýuşadan aýyjyk

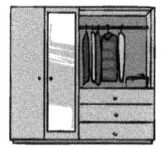
kleerkast
egin-eşik üçin şkaf

kleding
egin-eşik

sokken
jorap

kousen
çulki

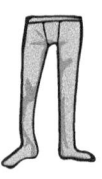
maillot
kolgotka

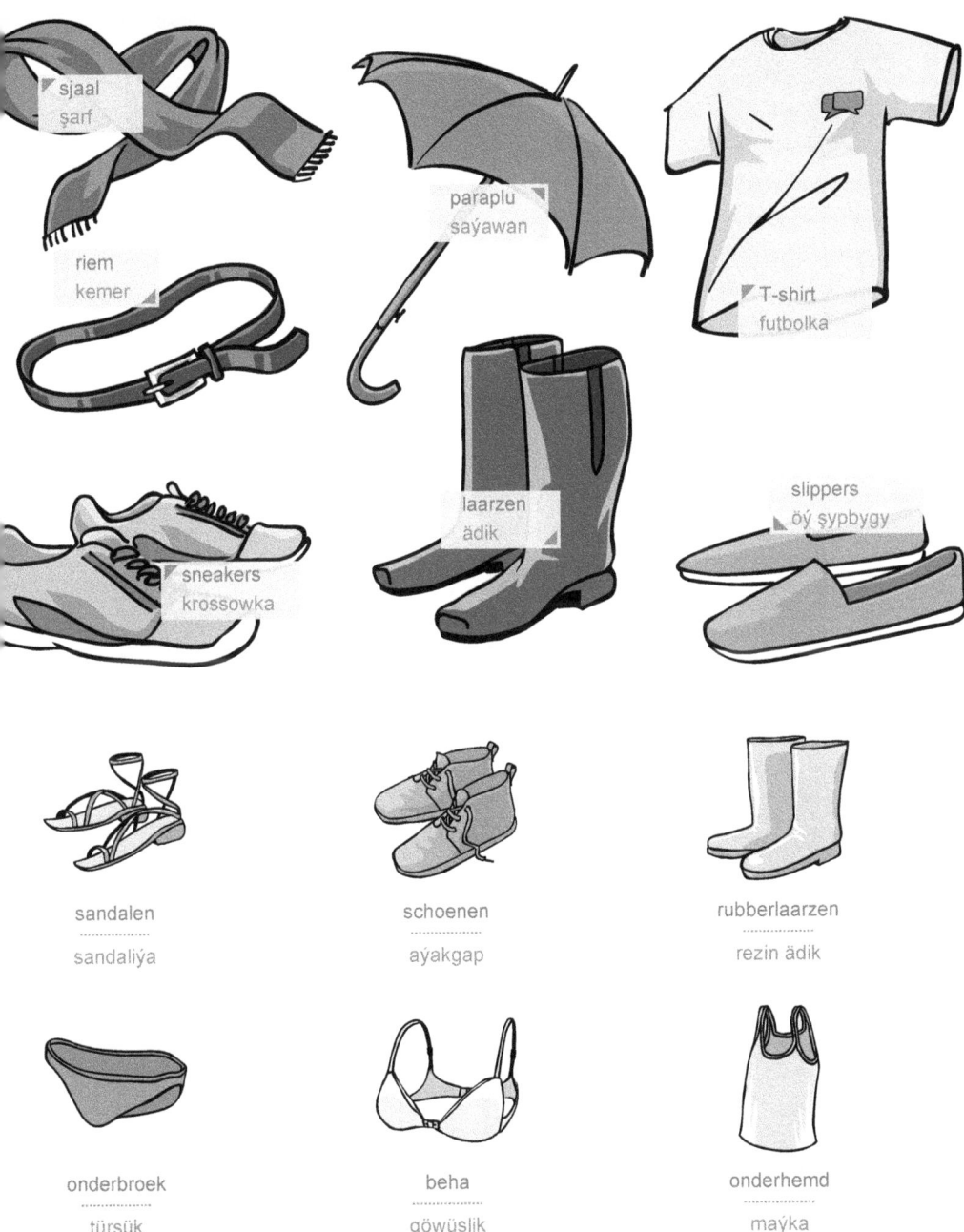

lichaam
bodi

broek
jalbar

jeans
jins

rok
ýubka

blouse
bluzka

hemd
köýnek

trui
switer

capuchontrui
switer

blazer
sport keltekçesi

jas
žaket

jas
palto

regenjas
plaş

kostuum
kostýum

jurk
köýnek

trouwjurk
toý köýnegi

kleding - egin-eşik

pak — nachthemd — pyjama
erkek üçin kostýum — ýatyş köýnegi — pižama

sari — hoofddoek — tulband
sari — ýaglyk — selle

boerka — kaftan — abaya
perenji — kaftan — abaýa

badpak — zwembroek — short
suwa düşmek üçin lybas — plawki — şorty

trainingspak — schort — handschoenen
sport lybasy — öňlük — ellik

kleding - egin-eşik

knoop
ilik

bril
äynek

armband
bilezik

ketting
zynjyr

ring
ýüzük

oorbel
syrga

pet
papak

kapstok
geýim asgyç

hoed
şlýapa

das
galstuk

rits
syrma

helm
şlem

bretellen
egnaşyr kemer

schooluniform
mekdep lybasy

uniform
lybas

kleding - egin-eşik

slabbetje
çaga döşlügi

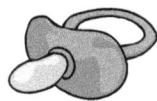
fopspeen
soska

luier
arlyk

kantoor
ofis

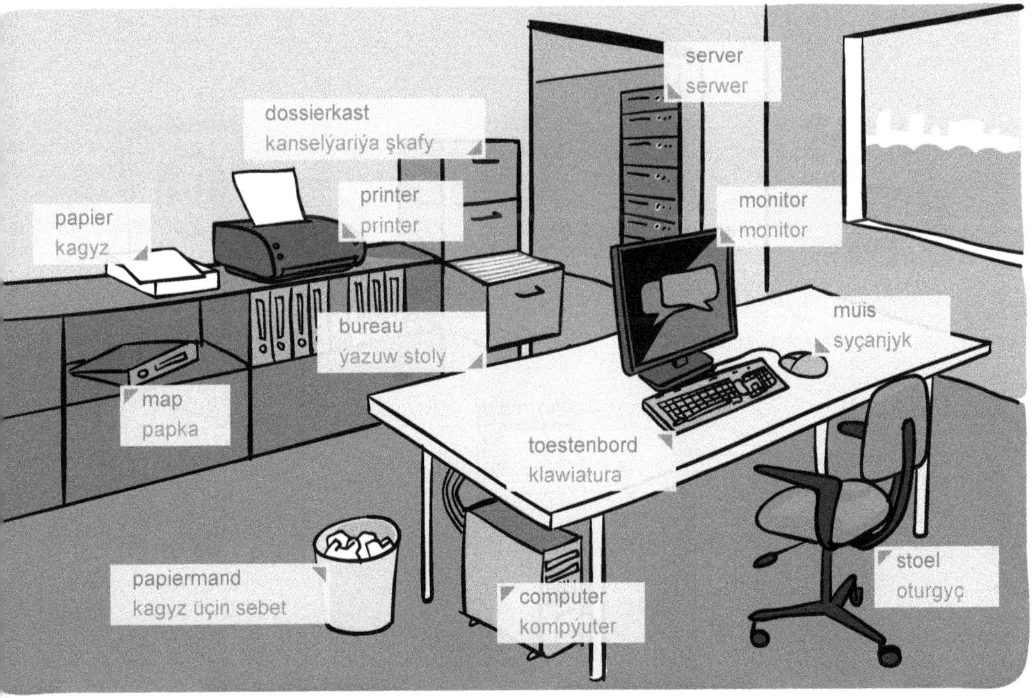

- dossierkast / kanselýariýa şkafy
- server / serwer
- printer / printer
- monitor / monitor
- papier / kagyz
- bureau / ýazuw stoly
- muis / syçanjyk
- map / papka
- toestenbord / klawiatura
- stoel / oturgyç
- papiermand / kagyz üçin sebet
- computer / kompýuter

koffiemok
kofe kružkasy

rekenmachine
kalkulýator

internet
internet

kantoor - ofis   49

laptop
noutbuk

brief
hat

bericht
habar

gsm
öýjükli telefon

netwerk
tor

kopieerapparaat
kseroks

software
programma

telefoon
telefon

stopcontact
rozetka

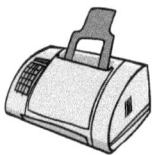
fax
faks

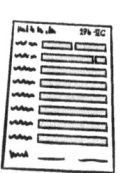
formulier
formulyar

document
resminama

kantoor - ofis

economie
ykdysadyýet

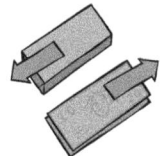
kopen
satyn almak

betalen
tölemek

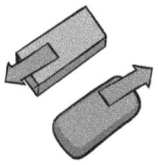
handelen
söwda etmek

geld
pul

 USD

dollar
dollar

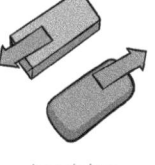 EUR

euro
ýewro

 JPY

yen
iena

 RUB

roebel
rubl

 CHF

Zwitserse frank
frank

 CNY

Chinese renminbi
żenminbi ýuan

 INR

roepie
rupiýa

geldautomaat
bankomat

wisselkantoor
walýuta çalyşmak üçin bent

goud
altyn

zilver
kümüş

olie
nebit

energie
energiýa

prijs
baha

contract
şertnama

belasting
salgyt

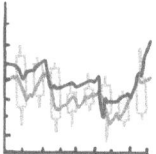
aandeel
paýnama

werken
işlemek

werknemer
gullukçy

werkgever
iş beriji

fabriek
fabrik

winkel
dükan

economie - ykdysadyýet

beroepen
hünärler

politieagent
milisiýanyň işgäri

brandweerman
ýangyn södüriji

kok
aşpez

dokter
lukman

piloot
uçarman

tuinman
bagban

timmerman
agaç ussasy

naaister
tikinçi

rechter
kazy

chemicus
himik

acteur
aktýor

beroepen - hünärler

buschauffeur
awtobus sürüjisi

taxichauffeur
taksiçi

visser
balykçy

schoonmaakster
tam süpüriji

dakdekker
üçek basyrýan ussa

ober
ofisiant

jager
awçy

schilder
suratçy

bakker
çörekçi

elektricien
elektrik

bouwvakker
gurluşykçy

ingenieur
inžener

slager
gassap

loodgieter
santehnik

postbode
hatçy

beroepen - hünärler

soldaat
esger

architect
binagär

kassier
pulhanaçy

bloemist
floraçy

kapper
dellekçi

conducteur
konduktor

mecanicien
mehanik

kapitein
kapitan

tandarts
diş lukmany

wetenschapper
alym

rabbijn
rawwin

imam
imam

monnik
monah

geestelijke
ruhany

beroepen - hünärler

werktuigen
gurallar

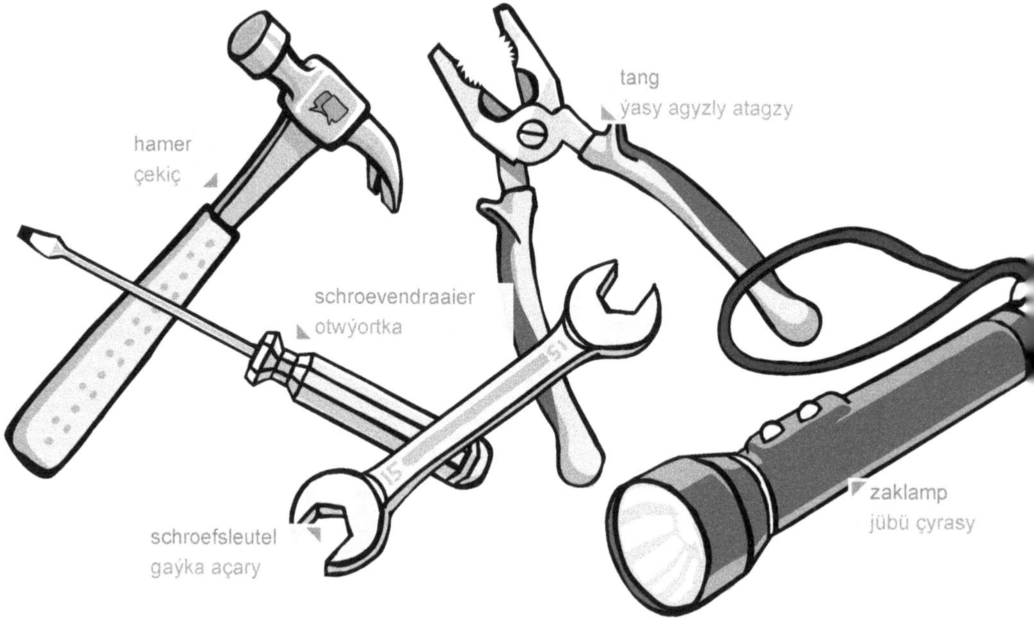

hamer
çekiç

tang
ýasy agyzly atagzy

schroevendraaier
otwýortka

schroefsleutel
gaýka açary

zaklamp
jübü çyrasy

graafmachine

ekskawator

gereedschapskoffer

gurallar üçin gap

ladder

merdiwan

zaag

byçgy

spijkers

çüýler

boormachine

drel

repareren
abatlamak

schop
pil

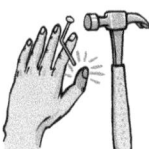

Verdomme!
Bolmandyr!

blik
susguç

verfpot
boýagly bedre

schroeven
nurbatlar

muziekinstrumenten
saz gurallary

luidspreker
batly gürleýji

drumstel
kakylyp çalynýan saz guraly

gitaar
gitara

contrabas
kontrabas

trompet
turba

muziekinstrumenten - saz gurallary

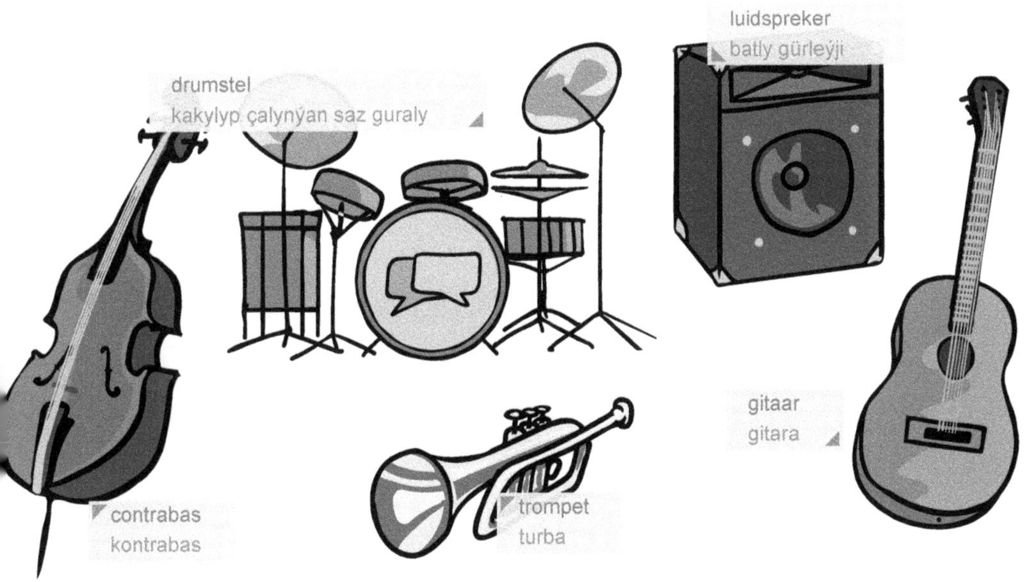

piano
pianino

viool
skripka

basgitaar
bas-gitara

pauk
nagara

trommels
deprek

keyboard
sintezator

saxofoon
saksafon

fluit
fleyta

microfoon
mikrofon

muziekinstrumenten - saz gurallary

ZOO
haýwanat bagy

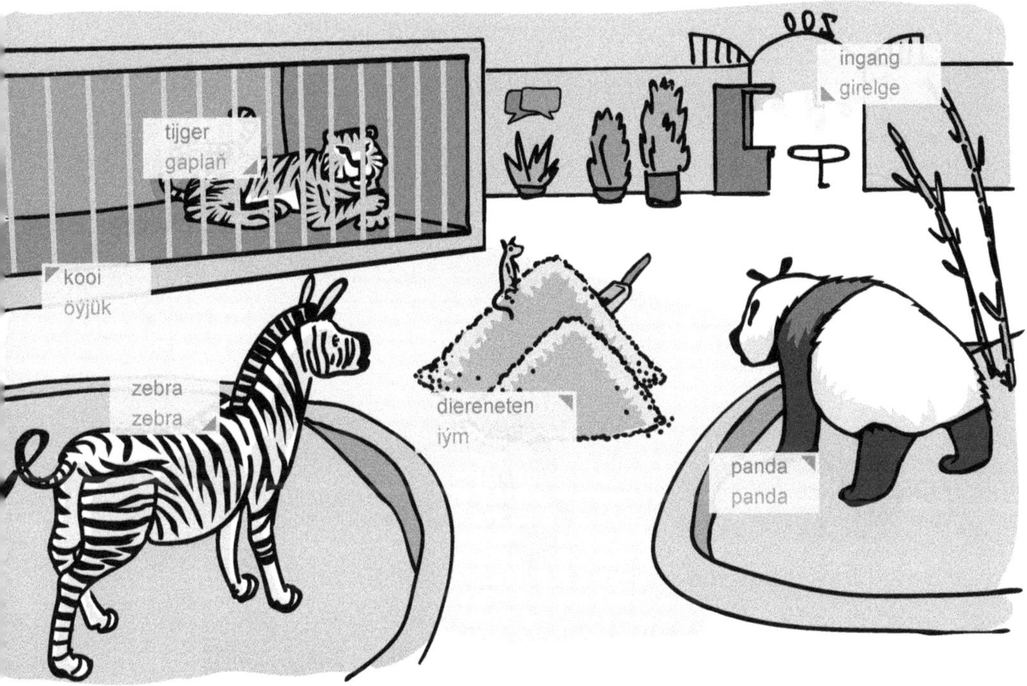

- tijger / gaplaň
- kooi / öýjük
- zebra / zebra
- diereneten / iým
- ingang / girelge
- panda / panda

dieren
haýwanlar

olifant
pil

kangoeroe
kenguru

neushoorn
nosorog

gorilla
gorilla

beer
aýy

zoo - haýwanat bagy

kameel
düýe

struisvogel
düýeguş

leeuw
ýolbars

aap
maýmyn

flamingo
gyzylinjik

papegaai
hindiguş

ijsbeer
ak aýy

pinguïn
pingwin

haai
akula

pauw
tawus

slang
ýylan

krokodil
krokodil

dierenverzorger
haýwanat bagynyň
gullukçysy

zeehond
düwlen

jaguar
ýaguar

zoo - haýwanat bagy

pony
poni

luipaard
gaplaň

nijlpaard
begemot

giraffe
žiraf

adelaar
bürgüt

wild zwijn
ýekegapan

vis
balyk

zeeschildpad
pyşbaga

walrus
suwpişik

vos
tilki

gazelle
jeren

zoo - haýwanat bagy

activiteiten
hereket

schrijven	tekenen	tonen
ýazmak	surat çekmek	görkezmek
duwen	geven	nemen
basmak	bermek	almak

hebben
eye bolmak

doen
etmek

zijn
bolmak

staan
durmak

lopen
ylgamak

trekken
çekmek

gooien
taşlamak

vallen
gaçmak

liggen
ýatmak

wachten
garaşmak

dragen
götermek

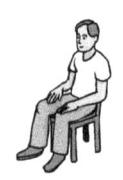
zitten
oturmak

aankleden
geýmek

slapen
ýatmak

ontwaken
oýanmak

activiteiten - hereket

kijken naar
görmek

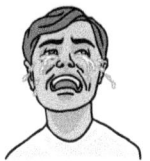

wenen
aglamak

aaien
sypalamak

kammen
daramak

praten
gürlemek

begrijpen
düşünmek

vragen
soramak

luisteren
diñlemek

drinken
içmek

eten
iýmek

opruimen
tertipleşdirmek

houden van
söýmek

koken
taýýarlmak

rijden
gitmek

vliegen
uçmak

activiteiten - hereket

zeilen	rekenen	Lezen
ýelkeni ýaýyp gitmek	hasaplamak	okamak

leren	werken	trouwen
okamak	işlemek	nikalaşmak
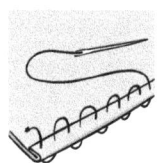	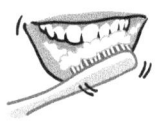	
naaien	tandenpoetsen	doden
dikmek	dişiňi arassalamak	öldürmek
	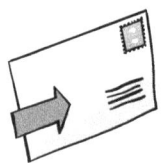	
roken	sturen	
çilim çekmek	ugratmak	

activiteiten - hereket

familie
maşgala

grootmoeder
ene

grootvader
ata

vader
kaka

moeder
eje

baby
bäbek

dochter
gyz

zoon
ogul

gast

myhman

tante

daýza

oom

daýy

broer

aga

zus

uýa

familie - maşgala

lichaam
ten

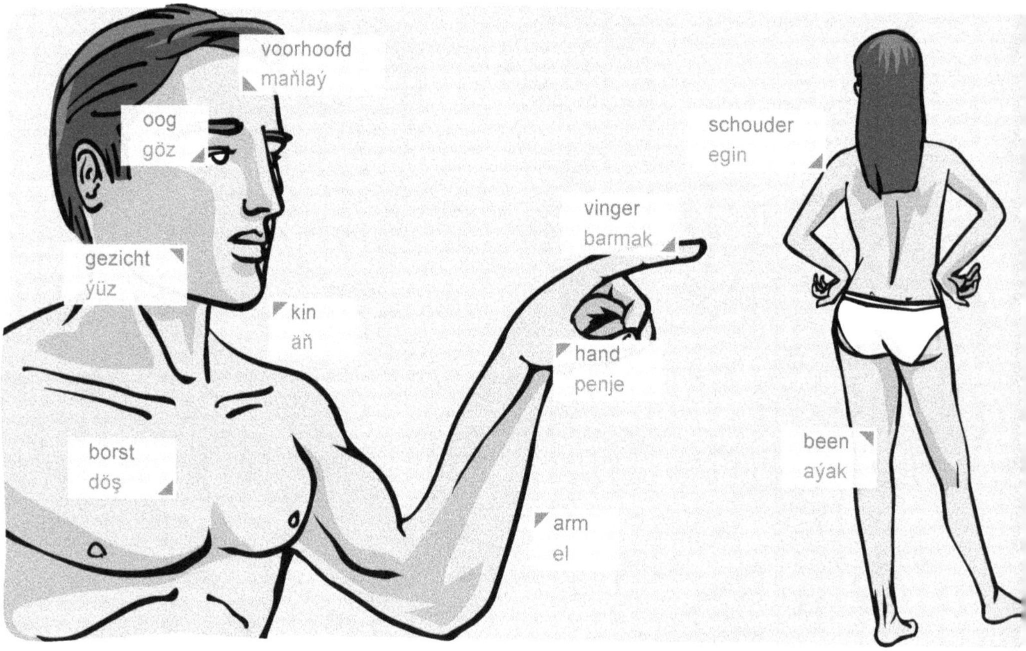

voorhoofd / maňlaý
oog / göz
schouder / egin
vinger / barmak
gezicht / ýüz
kin / äň
hand / penje
borst / döş
been / aýak
arm / el

baby
bäbek

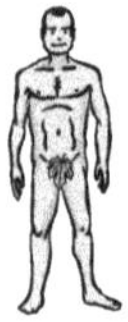

man
erkek

vrouw
aýal

meisje
gyz

jongen
oglan

hoofd
kelle

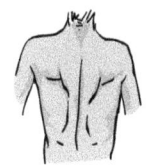

rug
arka

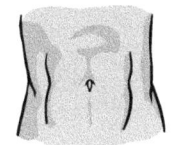

buik
garyn

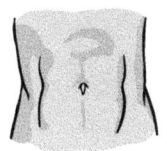

navel
göbek

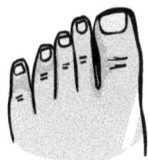

teen
aýak barmagy

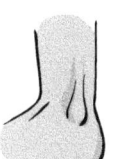

hiel
ökje

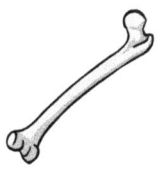

bot
süňk

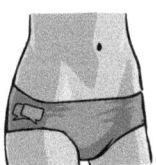

heup
but

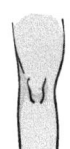

knie
dyz

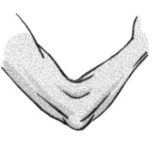

elleboog
tirsek

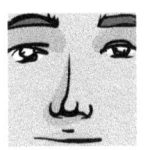

neus
burun

zitvlak
ýanbaş

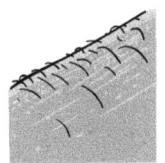

huid
deri

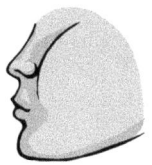

wang
ýaňak

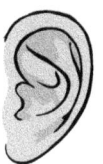

oor
gulak

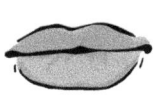

lip
dodak

lichaam - ten

mond
agyz

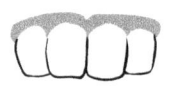

tand
diş

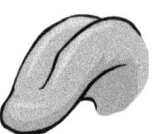

tong
dil

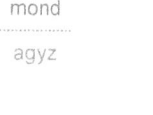

hersenen
beýni

hart
ýürek

spier
myşsa

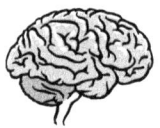

long
öýken

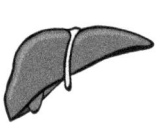

lever
bagyr

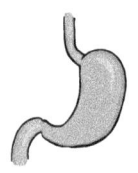

maag
aşgazan

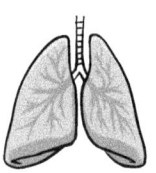

nieren
böwrek

seks
jyns ýakynlygy

condoom
prezerwatiw

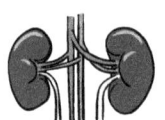

eicel
erkeklik jyns öýjügi

sperma
tohumlyk

zwangerschap
göwrelilik

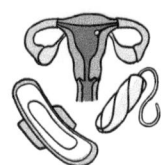
menstruatie
bil açylma

vagina
wagina

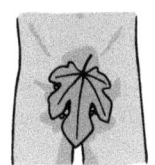
penis
erkek jyns agzasy

wenkbrauw
gaş

haar
saç

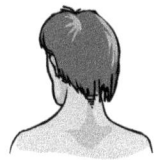
nek
boýun

lichaam - ten

ziekenhuis
hassahana

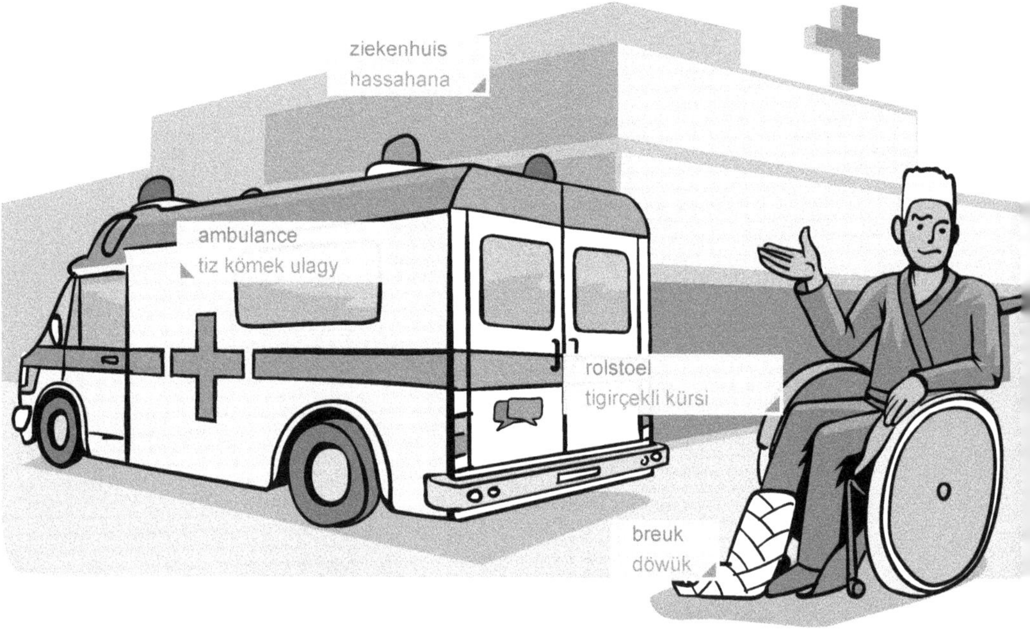

ziekenhuis
hassahana

ambulance
tiz kömek ulagy

rolstoel
tigirçekli kürsi

breuk
döwük

dokter
lukman

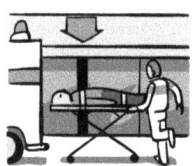

spoed
ilkinji kömek nokady

verpleegkundige
şepagat uýasy

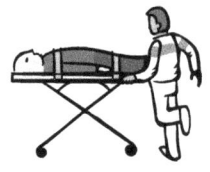

noodgeval
gaýragoýulmasyz ýagdaý

bewusteloos
özüni bilmän

pijn
agyry

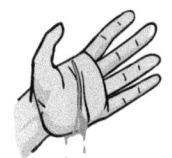

verwonding
zeper ýetme

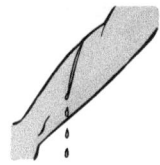

bloeding
gan akmasy

hartaanval
infarkt

beroerte
insult

allergie
allergiýa

hoest
üsgülik

koorts
ýokarlanan temperatura

griep
dümew

diarree
içgeçme

hoofdpijn
kelle agyrysy

kanker
rak

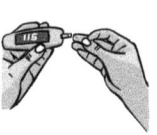

diabetes
diabet

chirurg
hirurg

scalpel
skalpel

operatie
operasiýa

ziekenhuis - hassahana

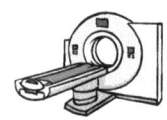 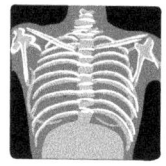 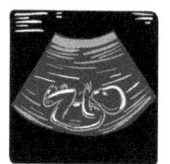

CT — röntgenstraal — ultrageluid

iýmit siňdirýän ortlaryň jemi — rentgen — ultrases

 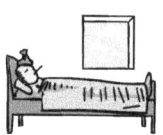 

gezichtsmasker — ziekte — wachtkamer

maska — kesel — kabulhana

 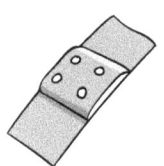 

kruk — pleister — verband

pişek — plastyr — bint

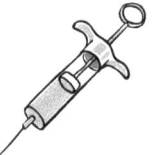 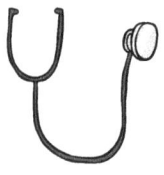 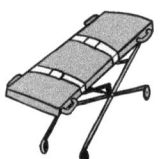

injectie — stethoscoop — brancard

sanjym — stetoskop — zemmer

thermometer — geboorte — overgewicht

termometr — dogluş — artykmaç agram

ziekenhuis - hassahana

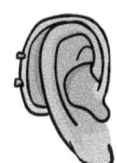  

hoorapparaat	ontsmettingsmiddel	infectie
eşidiş abzaly	zyýansyzlandyryjy serişde	ýokanç

virus	HIV / AIDS	medicijn
wirus	WIÇ/ AIDS	derman

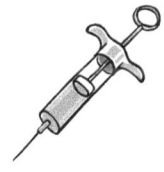 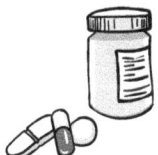 

vaccinatie	tabletten	pil
öňüni alyş sanjymy	gerdejikler	göwreli bolmakdan goraýan gerdejik

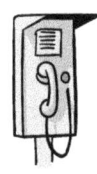  

noodoproep	bloeddrukmeter	ziek / gezond
gaýragoýulmasyz çagyryş	gan basyşyny ölçeýji abzal	näsag / sagdyn

ziekenhuis - hassahana

noodgeval
gaýragoýulmasyz ýagdaý

Help!
Kömek ediň!

alarm
howsala signaly

overval
çozuş

aanval
hüjüm

gevaar
howp

nooduitgang
ätiýaçlyk çykalgasy

Brand!
Ýangyn!

brandblusser
ot söndürijisi

ongeval
betbagtçylykly ýagdaý

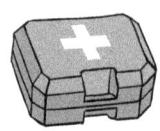

EHBO-kit
derman gutujygy

SOS
SOS

politie
milisiýa

aarde
zemin

Europa
Ýewropa

Noord-Amerika
Demirgazyk Amerika

Zuid-Amerika
Günorta Amerika

Afrika
Afrika

Azië
Aziýa

Australië
Awstraliýa

Atlantische Oceaan
Atlantika ummany

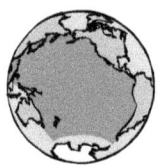
Stille Oceaan
Ýuwaş umman

Indische Oceaan
Hindi ummany

Antarctische Oceaan
Antarktika ummany

Arctische Oceaan
Demirgazyk Buzly umman

Noordpool
Demirgazyk polýusy

aarde - zemin

Zuidpool	Antarctica	aarde
Günorta polýusy	Antarktida	zemin

land	zee	eiland
gury ýer	deñiz	ada

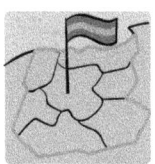 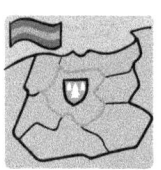

natie	staat
millet	döwlet

klok
sagat

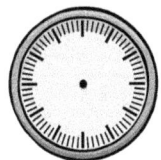

wijzerplaat
siferblat

uurwijzer
sagadyň dili

minuutwijzer
minut görkezýän dil

secondewijzer
sekundy görkezýän dil

Hoe laat is het?
sagat näçe?

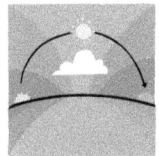

dag
gün

tijd
wagt

nu
häzir

digitale horloge
elektron sagady

minuut
minut

uur
sagat

week
hepde

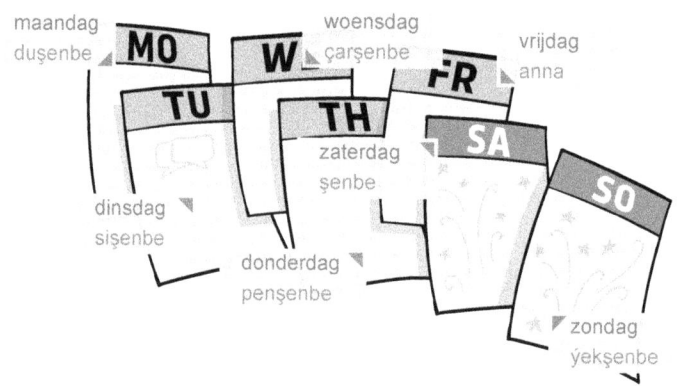

maandag
duşenbe

woensdag
çarşenbe

vrijdag
anna

dinsdag
sişenbe

donderdag
penşenbe

zaterdag
şenbe

zondag
ýekşenbe

gisteren
düýn

vandaag
şu gün

morgen
ertir

ochtend
säher

middag
günortan

avond
agşamlyk

werkdagen
iş günler

weekend
dynç günler

jaar
ýyl

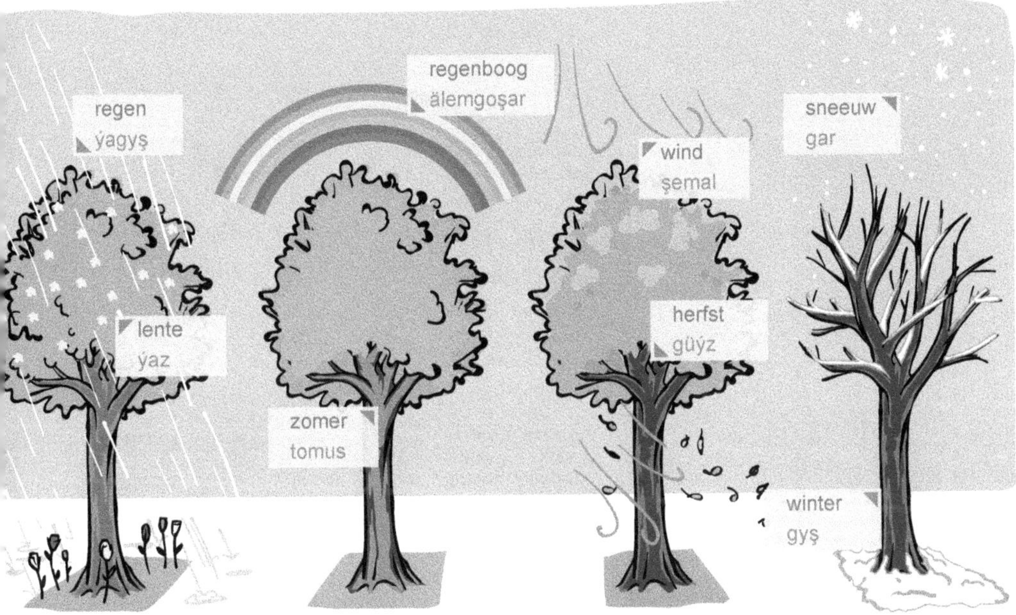

regen
ýagyş
regenboog
älemgoşar
wind
şemal
sneeuw
gar
lente
ýaz
herfst
güýz
zomer
tomus
winter
gyş

4.APRIL 11°
5.APRIL 4°
6.APRIL 13°
7.APRIL 8°
8.APRIL 10°

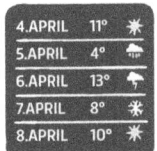

weervoorspelling

howa maglumaty

F
C
120
90
60
30
0
-30
40
30
20
10
0
-10
-20

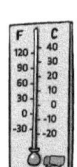

thermometer

termometr

zonneschijn

gün ýagtylygy

wolk

gara bulut

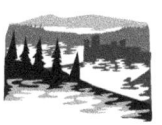

mist

ümür

vochtigheid

howanyň çyglylygy

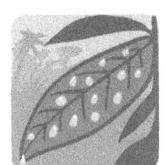

bliksem
ýyldyrym

donder
gök gümmürdisi

storm
tupan

hagel
doly

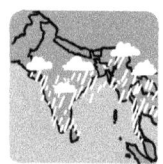
moesson
musson

overstroming
suw alma

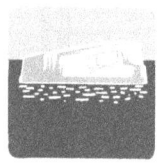
ijs
buz

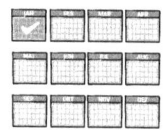
januari
ýanwar

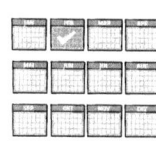
februari
fewral

maart
mart

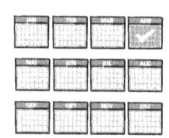
april
aprel

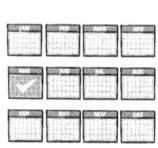
mei
maý

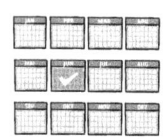
juni
iýun

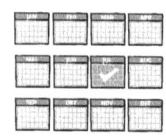
juli
iýul

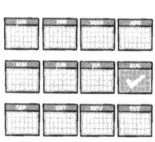
augustus
awgust

jaar - ýyl

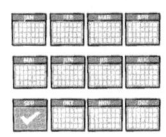

september

sentýabr

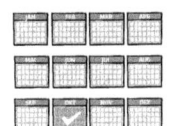

oktober

oktýabr

november

noýabr

december

dekabr

vormen
görnüşler

cirkel

tegelek

kwadraat

kwadrat

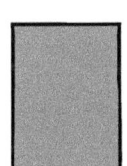

rechthoek

göniburçluk

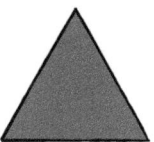

driehoek

üçburçluk

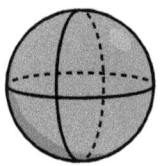

bol

şar

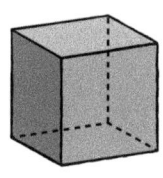

kubus

kub

kleuren
reňkler

wit
ak

geel
sary

oranje
mämişi

roze
gülgüne

rood
gyzyl

paars
liliýa reňkli

blauw
gök

groen
ýaşyl

bruin
goňur

grijs
çal

zwart
gara

tegengestelden
garşylykly

veel / weinig

köp / az

boos / kalm

gazaply / asuda

mooi / lelijk

owadan / betnyşan

begin / einde

başy / soňy

groot / klein

uly / kiçi

licht / donker

açyk / garaňky

broer / zus

oglan dogan / gyz dogan

proper / vuil

arassa / hapa

volledig / onvolledig

doly / doly däl

dag / nacht

gündiz / gije

dood / levend

jansyz / diri

breed / smal

giň / dar

eetbaar / oneetbaar

iýilýän / iýilmeýän

kwaadaardig / vriendelijk

gaharly / dostlukly

opgewonden / verveeld

tolgunly / tukat

dik / dun

çişik / hor

eerst / laatst

başda / soňunda

vriend / vijand

dost / duşman

vol / leeg

doly / boş

hard / zacht

berk / ýumşak

zwaar / licht

agyr / ýeňil

honger / dorst

açlyk / teşnelik

ziek / gezond

näsag / sagdyn

illegaal / legaal

bikanun / kanuny

intelligent / dom

akyly / akmak

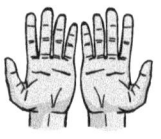

links / rechts

çepde / sagda

dichtbij / veraf

ýakyn / daş

tegengestelden - garşylykly

nieuw / gebruikt

täze / ulanylan

niets / iets

hiç zat / bir zat

oud / jong

garry / ýaş

aan / uit

ýakylan / söndürilen

open / dicht

açyk / ýapyk

stil / luid

ýuwaş / gaty

rijk / arm

baý / garyp

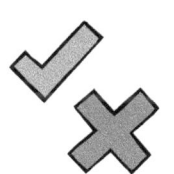

juist / fout

dogry / nädogry

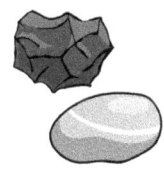

ruw / glad

büdür-südür / tekiz

droevig / blij

gamgyly / şatlykly

kort / lang

gysga / uzyn

traag / snel

haýal / tiz

nat / droog

öl / gury

warm / koud

ýyly / sowuk

oorlog / vrede

uruş / parahatçylyk

tegengestelden - garşylykly

cijfers
sanlar

0
nul
nul

1
één
bir

2
twee
iki

3
drie
üç

4
vier
dört

5
vijf
bäş

6
zes
alty

7
zeven
ýedi

8
acht
sekiz

9
negen
dokuz

10
tien
on

11
elf
on bir

12
twaalf
on iki

13
dertien
on üç

14
veertien
on dört

15
vijftien
on bäş

16
zestien
on alty

17
zeventien
on ýedi

18
achtien
on sekiz

19
negentien
on dokuz

20
twintig
ýigrimi

100
honderd
ýüz

1.000
duizend
müň

1.000.000
miljoen
million

cijfers - sanlar

Talen
diller

Engels
iňlis

Amerikaans Engels
amerikan iňlis

Chinees (Mandarijn)
mandarin hytaý

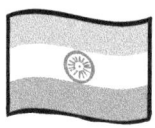

Hindi
hindi

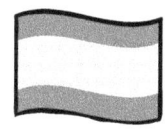

Spaans
ispan

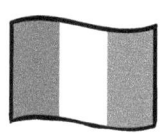

Frans
fransuz

Arabisch
arap

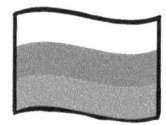

Russisch
rus

Portugees
portugal

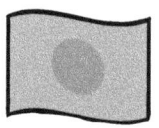

Bengali
bengal

Duits
nemes

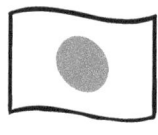

Japans
ýapon

wie / wat / hoe
kim / näme / nähili

ik
men

u
sen

hij / zij / het
ol (oglan) / ol (gyz) / ol (jansyz zat)

wij
biz

u
siz

ze
olar

wie?
kim?

wat?
näme?

hoe?
nähili?

waar?
nirede?

wanneer?
haçan?

naam
ady

waar
nirede

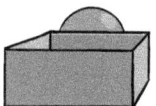

achter
yzynda

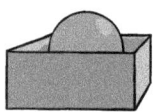

in
içinde

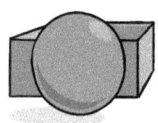

voor
öñünde

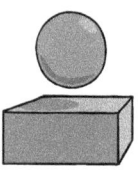

boven
bir zadyň üsti

op
üstünde

onder
aşagynda

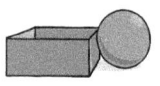

naast
yanynda

tussen
arasynda

plaats
yer

Lightning Source UK Ltd.
Milton Keynes UK
UKHW020704031120
372716UK00010B/487